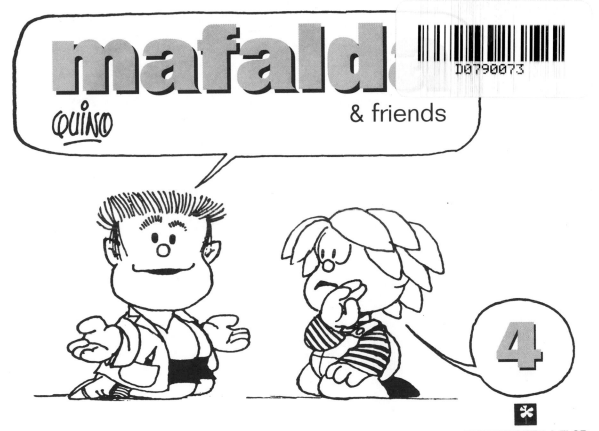

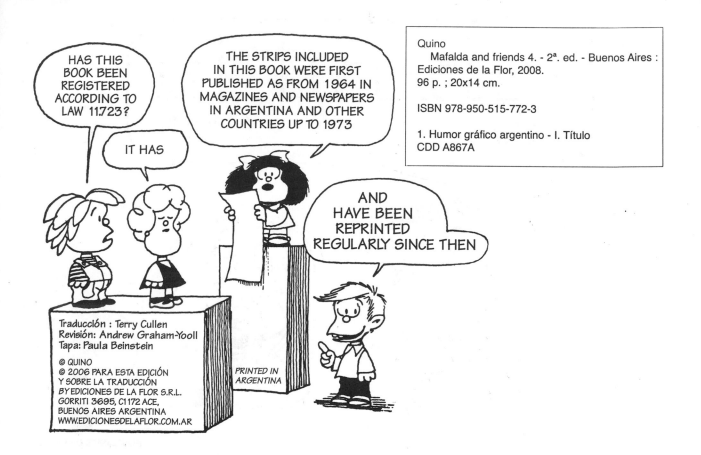

to the Chinese people,
for the ink.

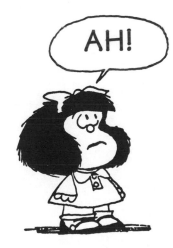

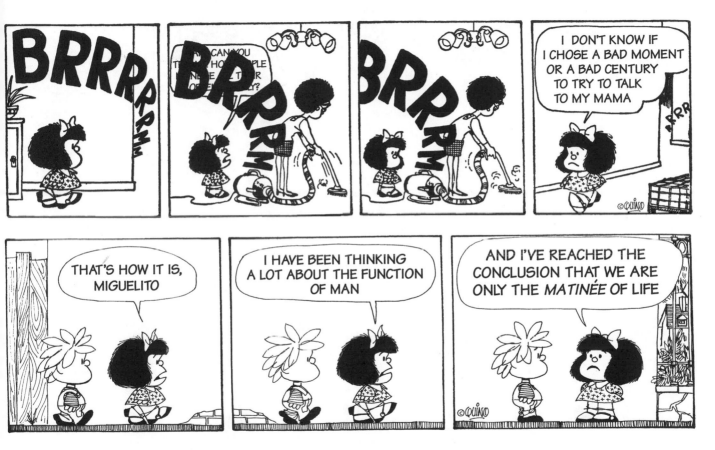

7

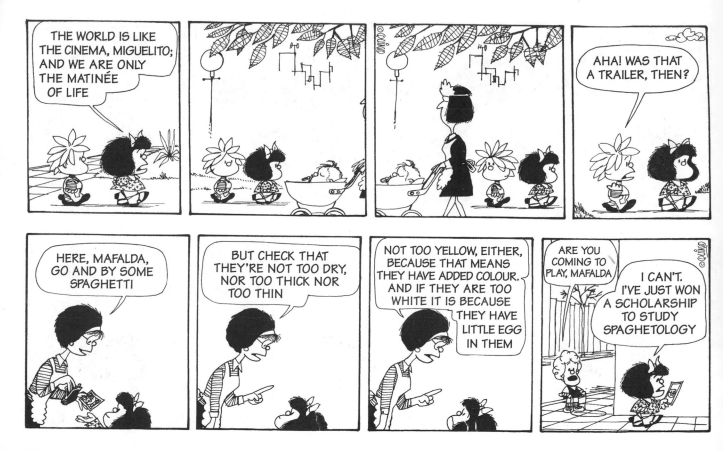

8

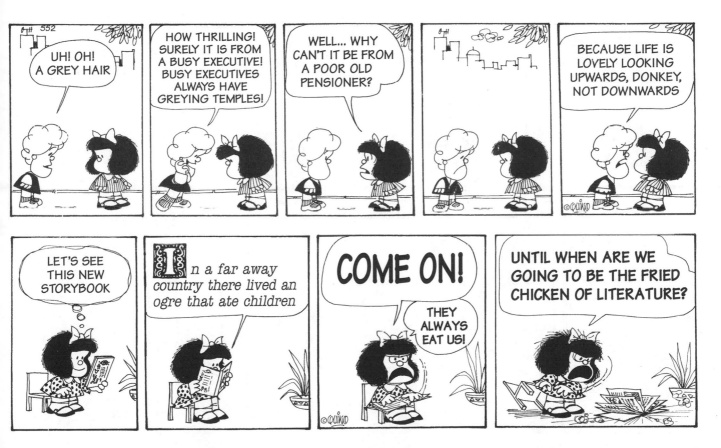

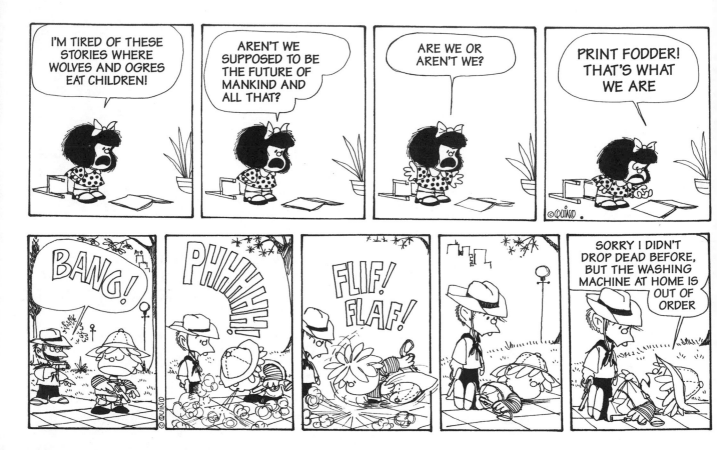

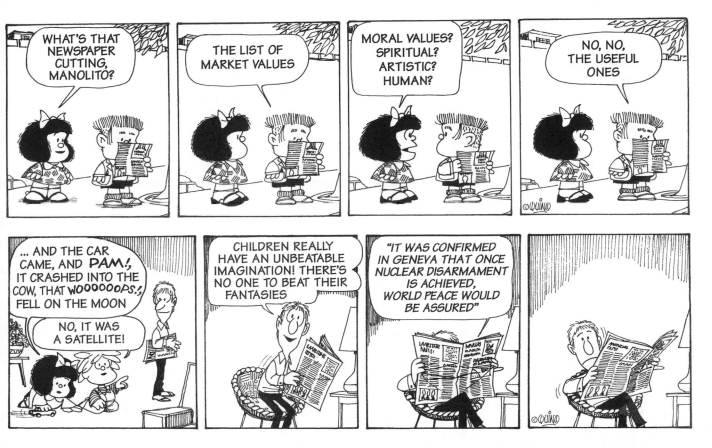

11

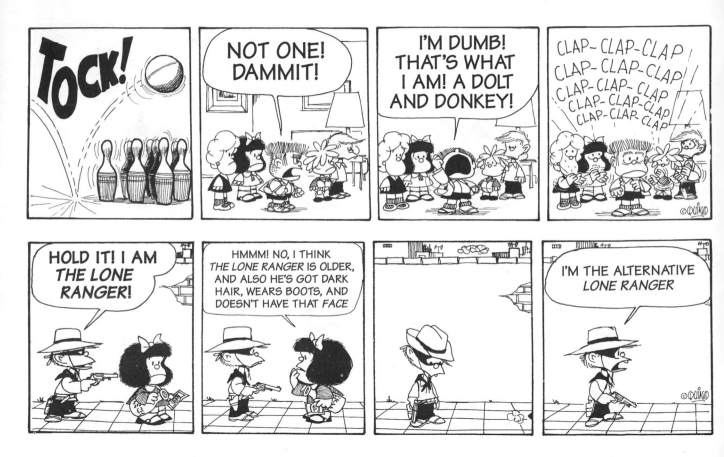

12

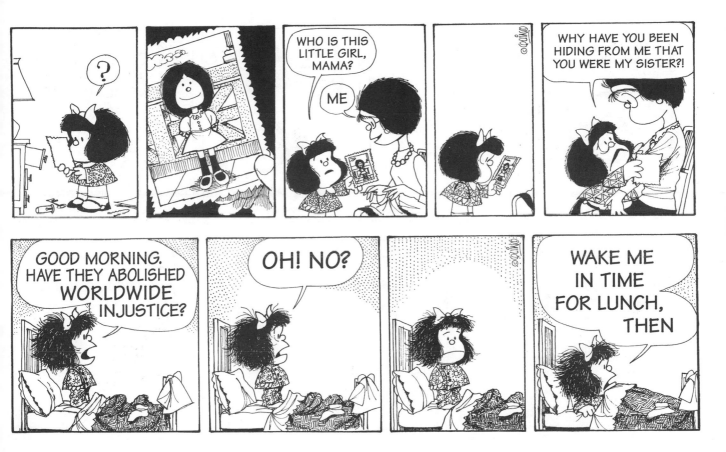

13

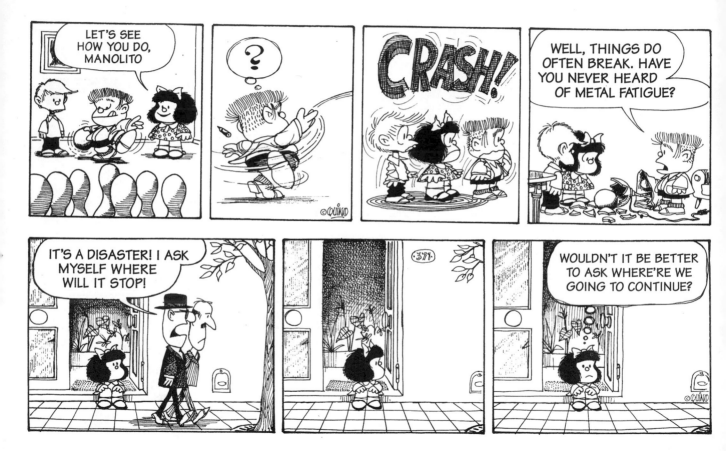

14

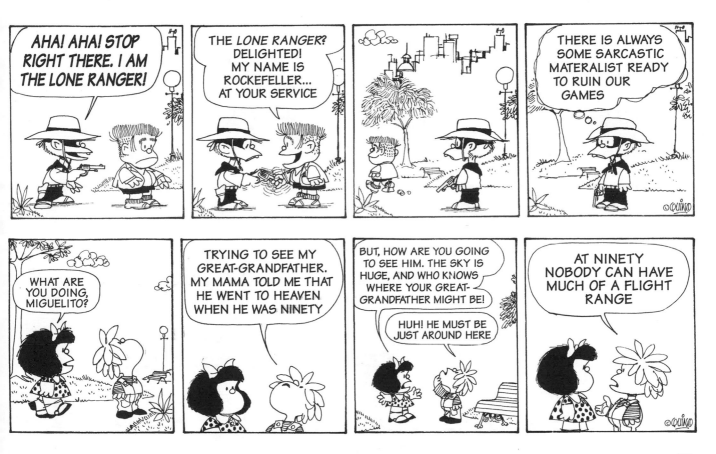

15

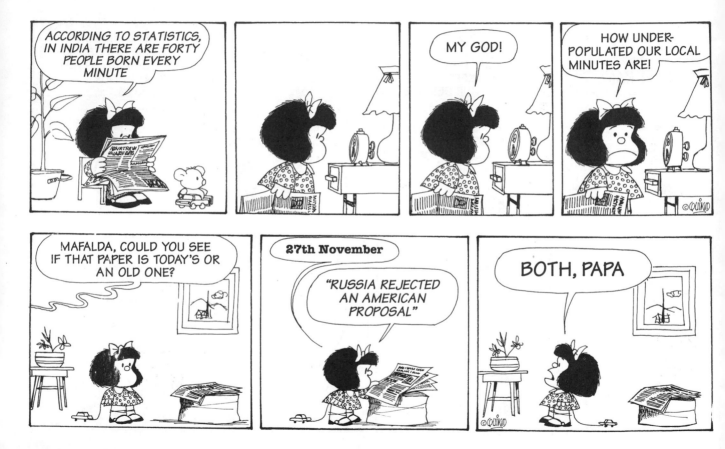

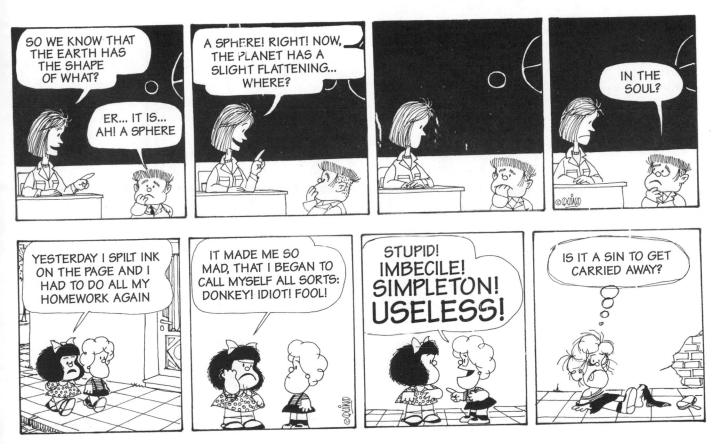

17

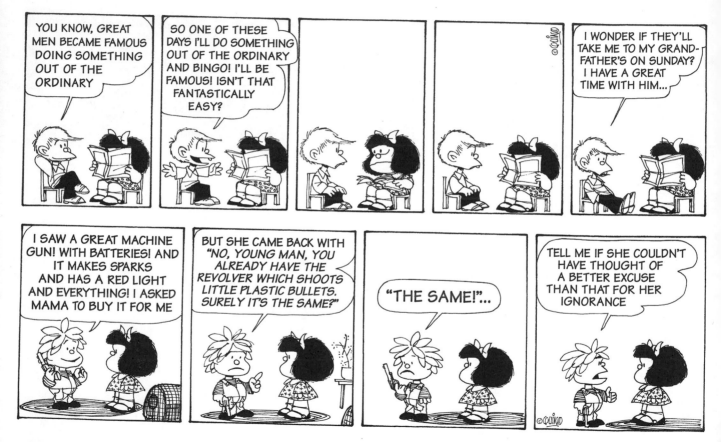

18

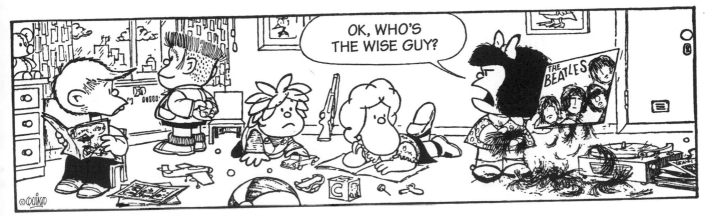

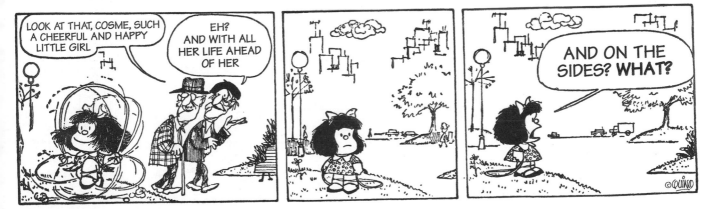

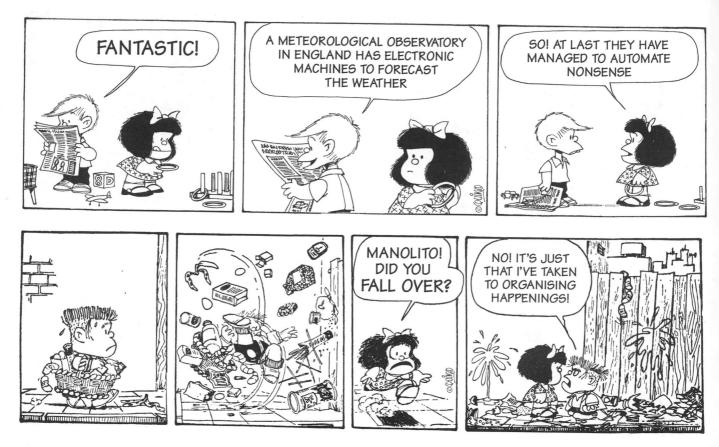

20

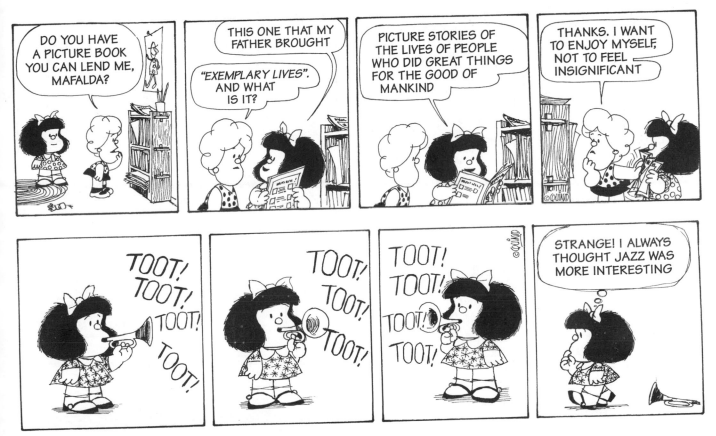

21

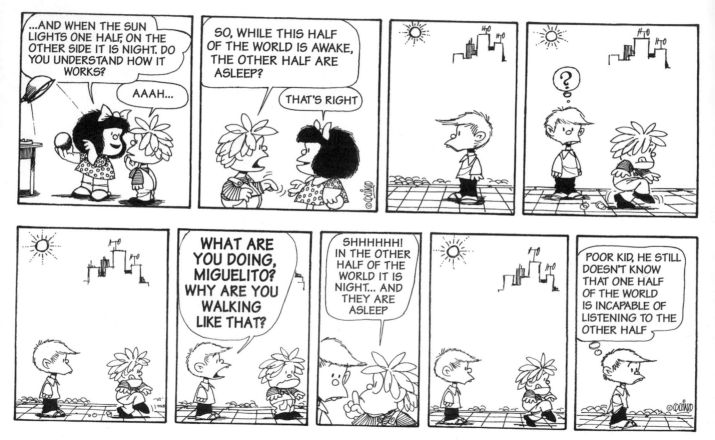

22

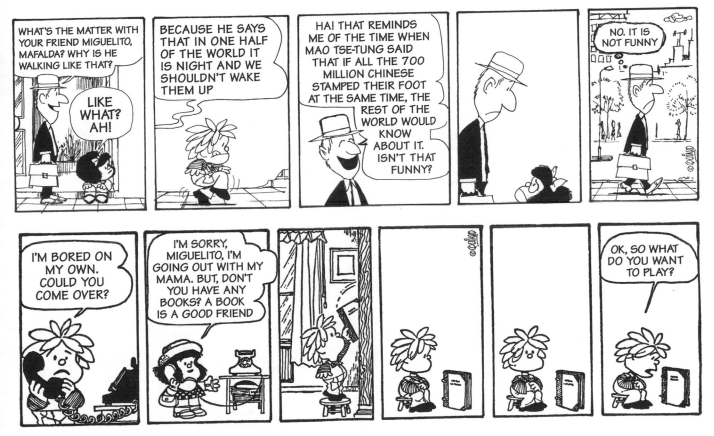

23

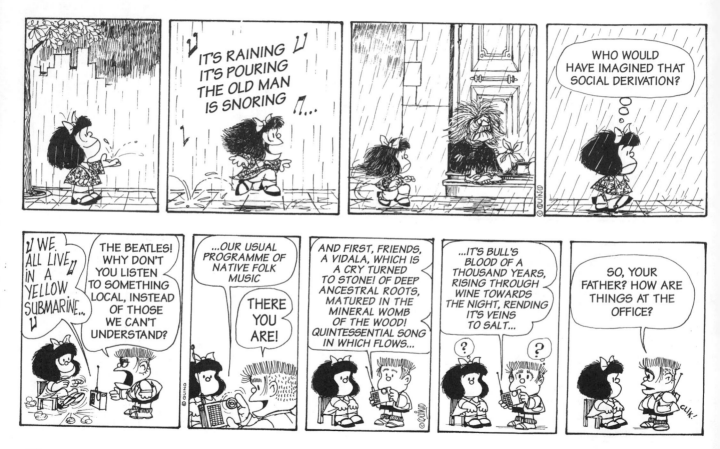

24

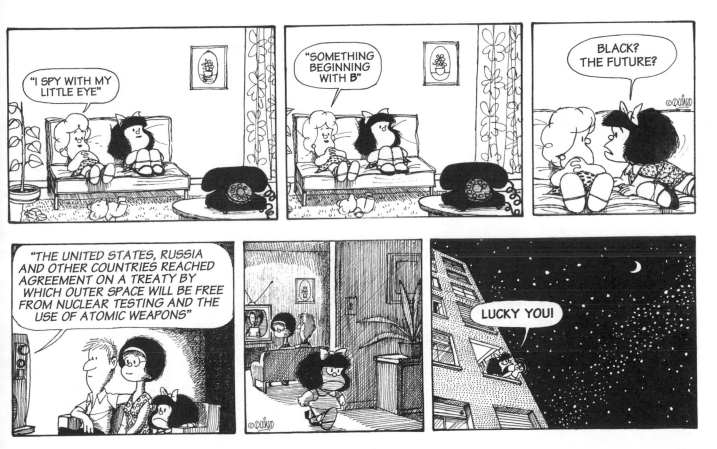

25

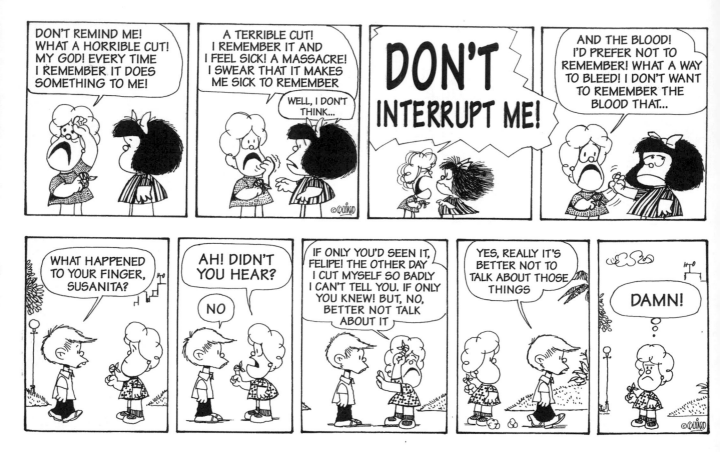

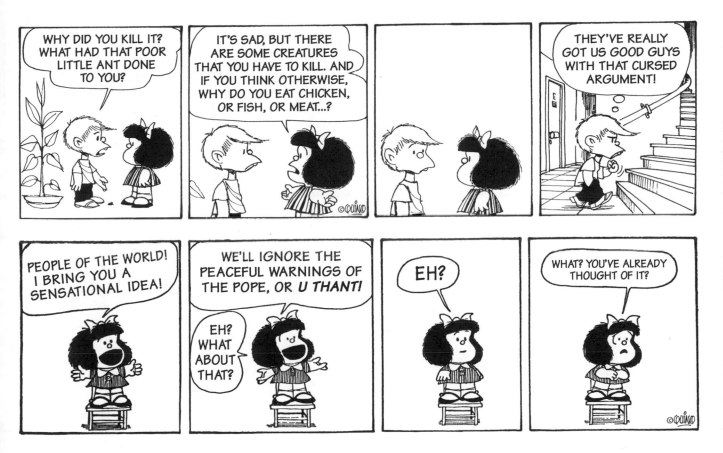

27

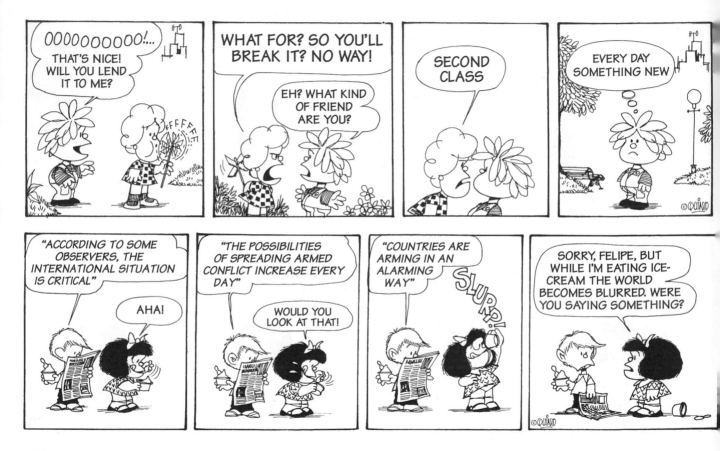

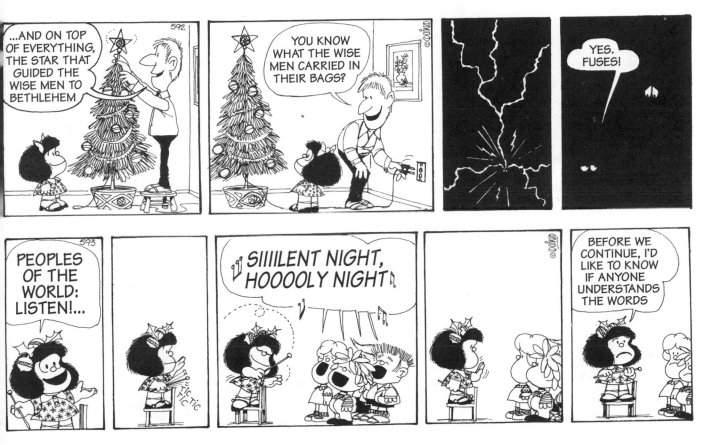

29

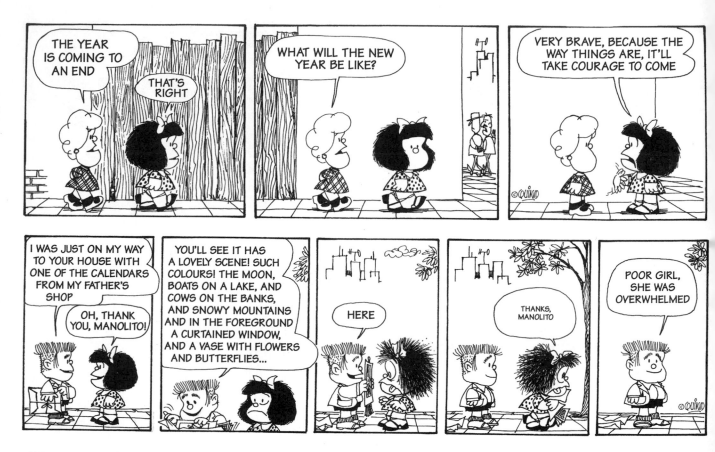

30

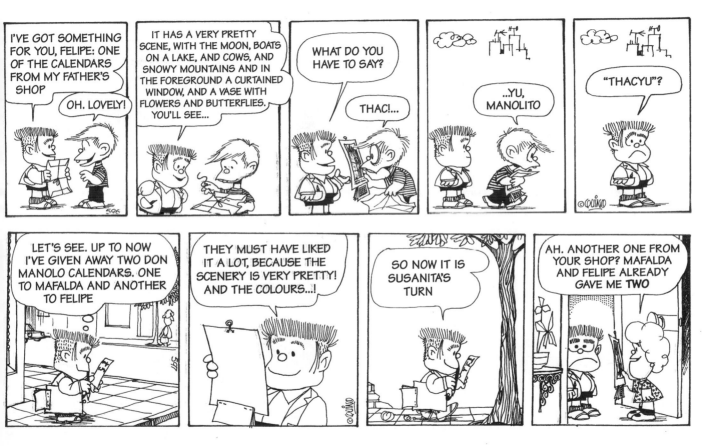

31

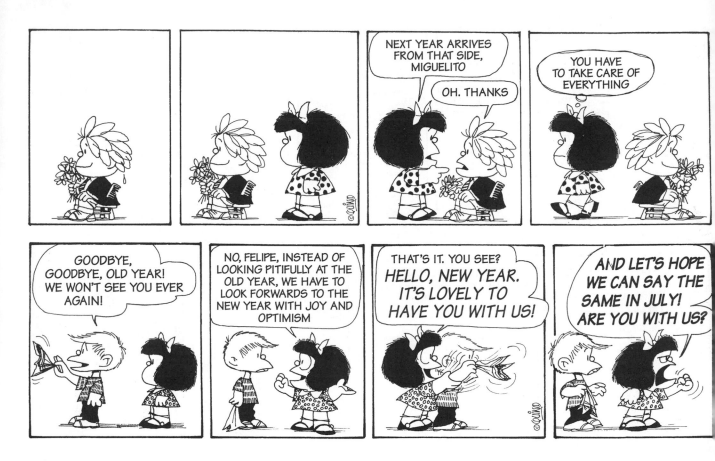

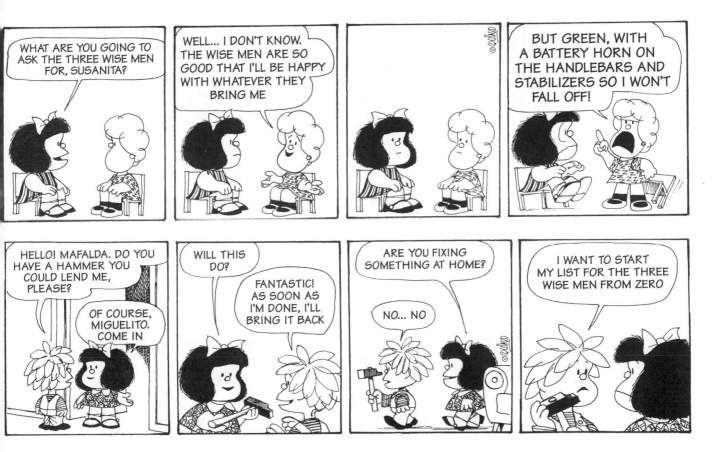

33

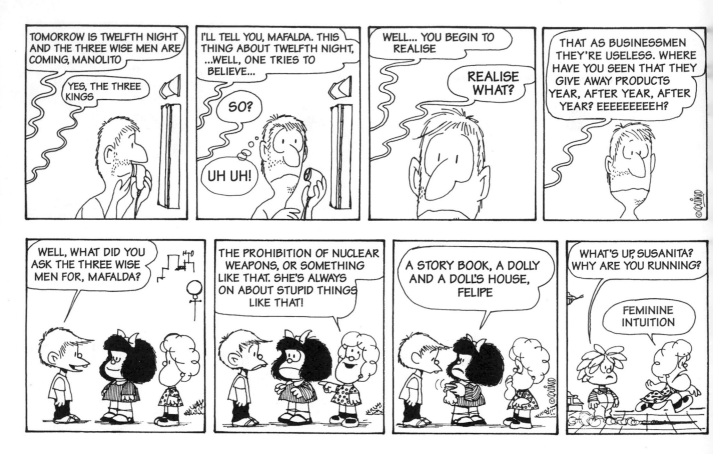

34

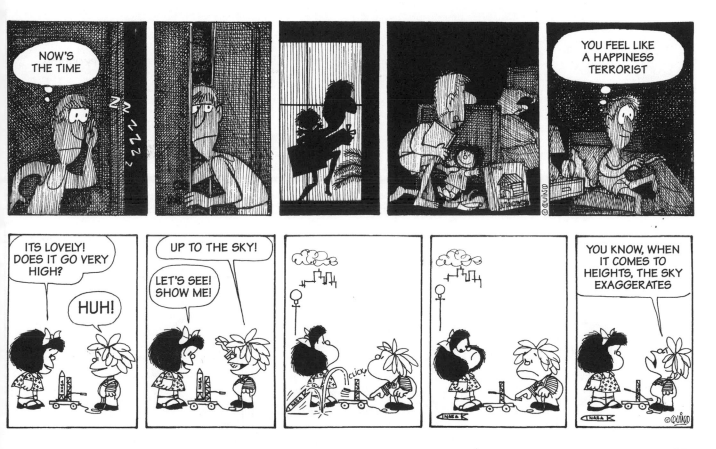

35

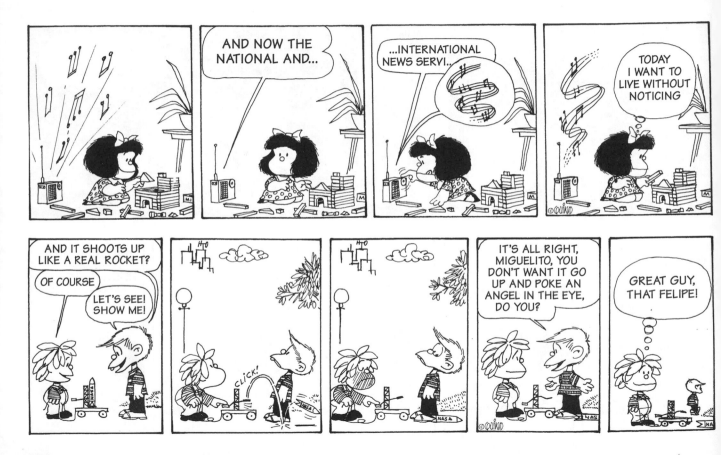

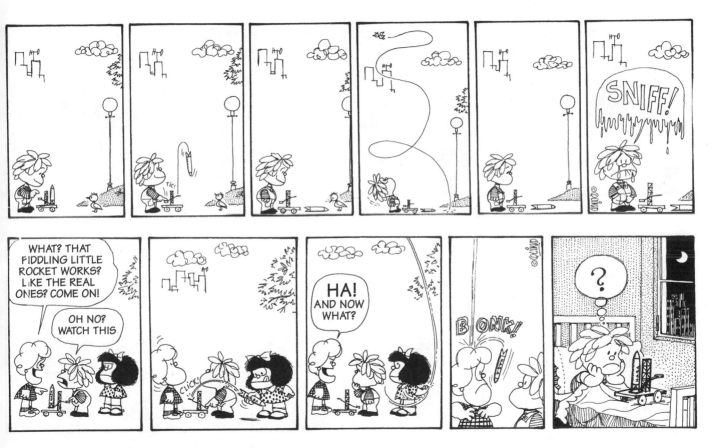

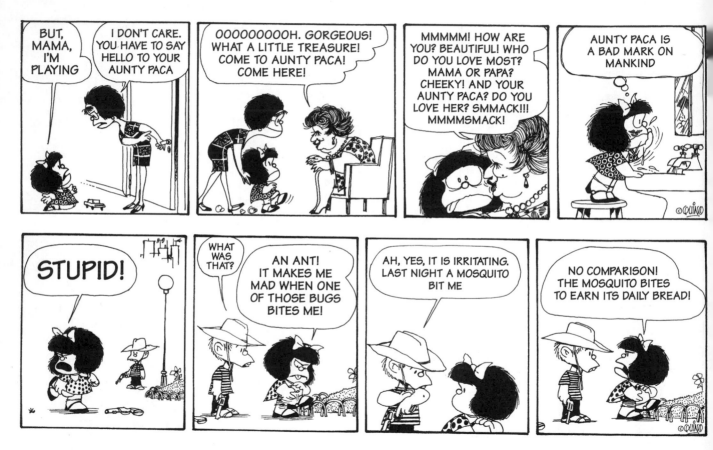

38

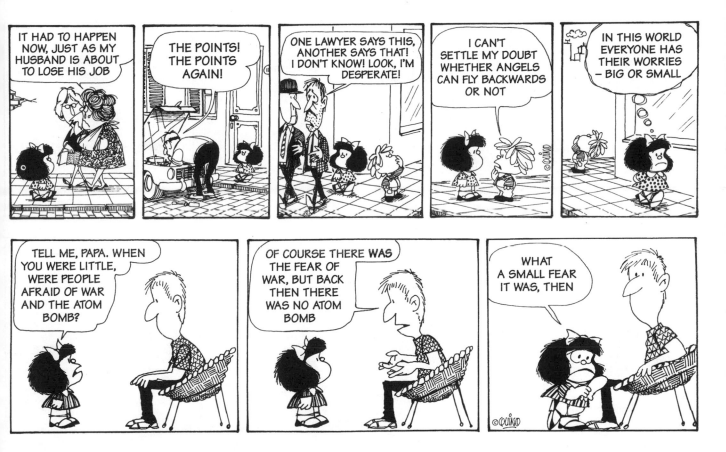

39

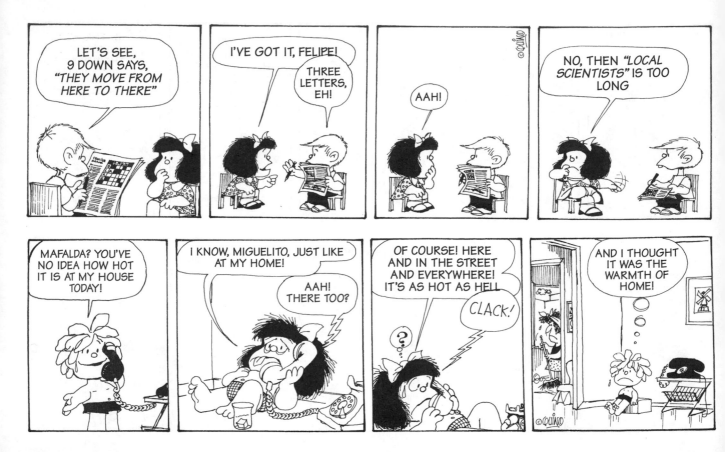

40

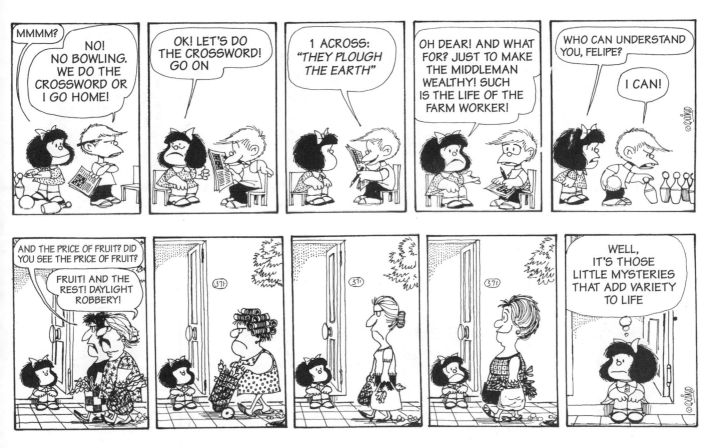

41

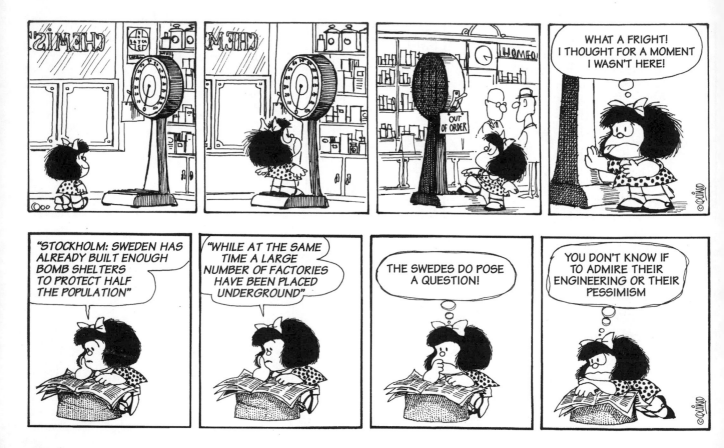

42

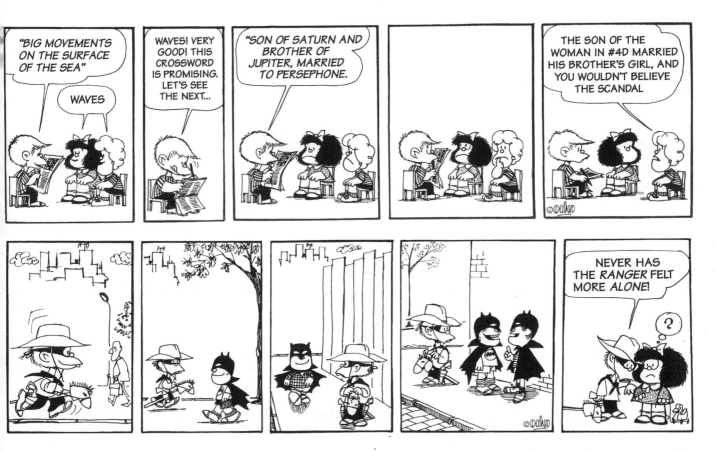

43

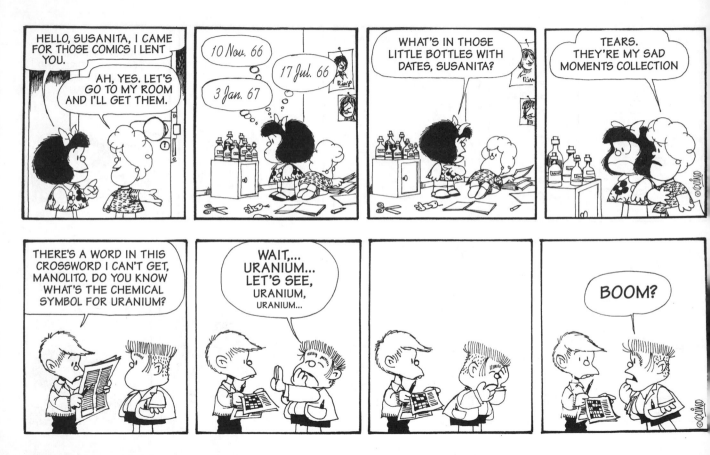

44

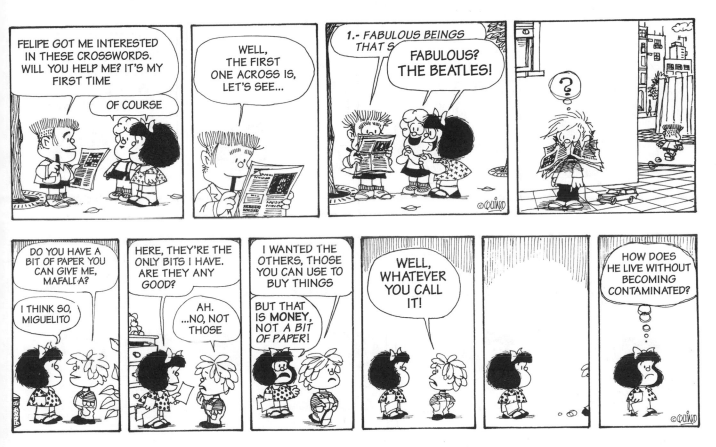

45

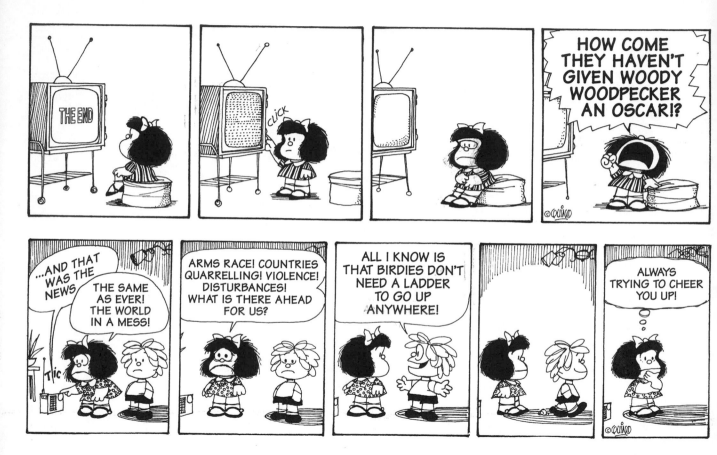

46

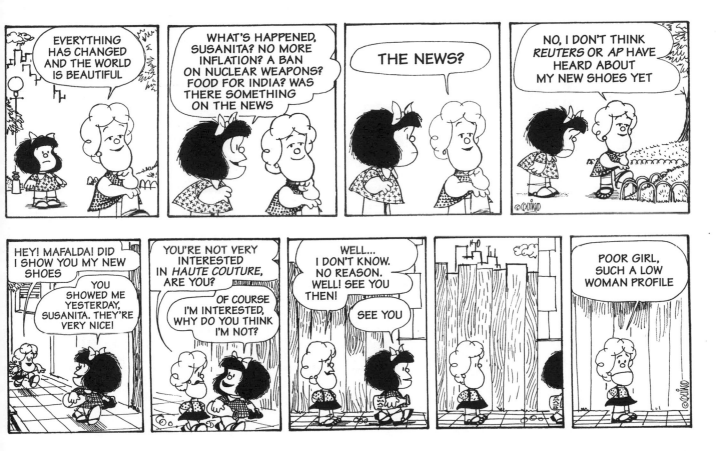

47

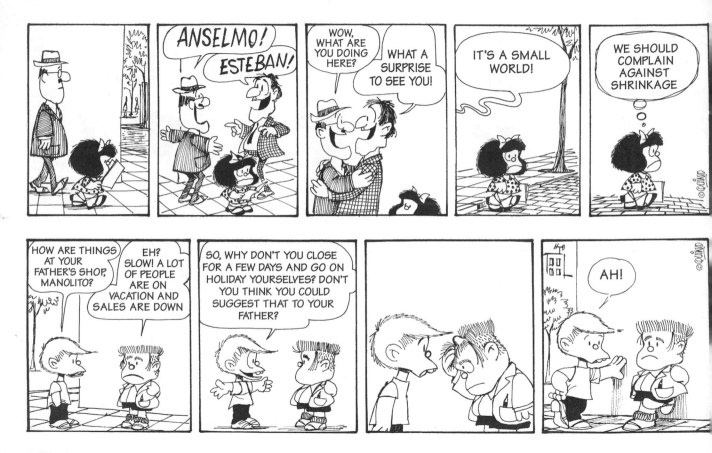

48

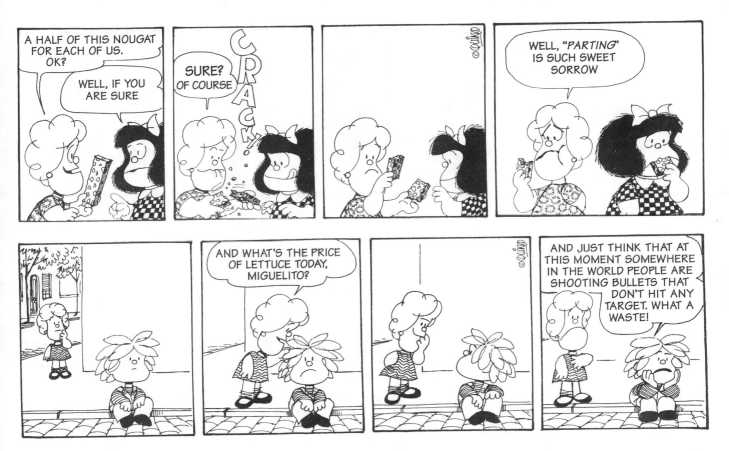

49

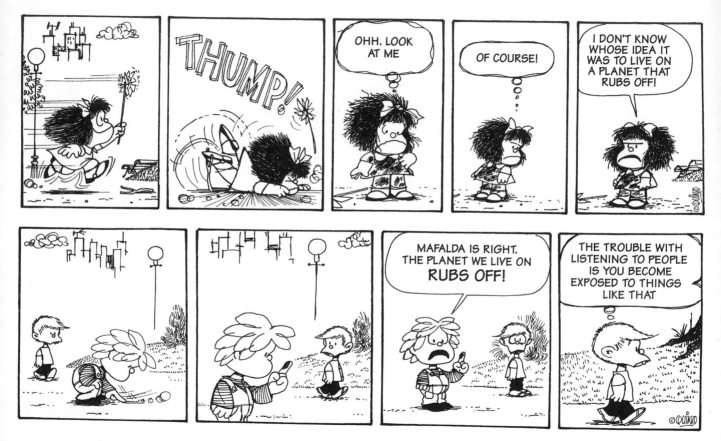

50

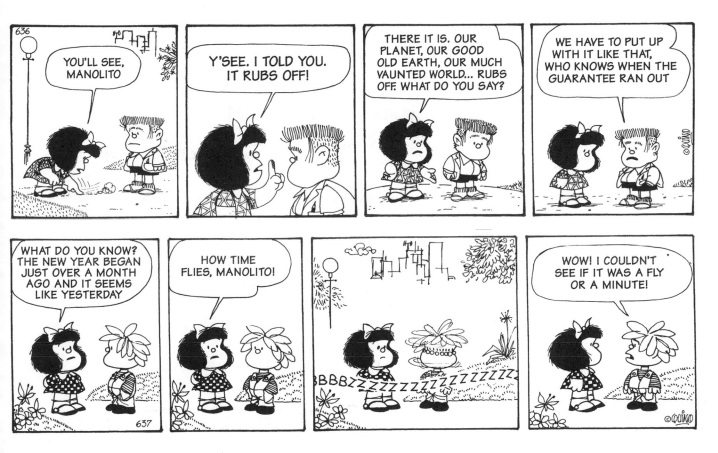

51

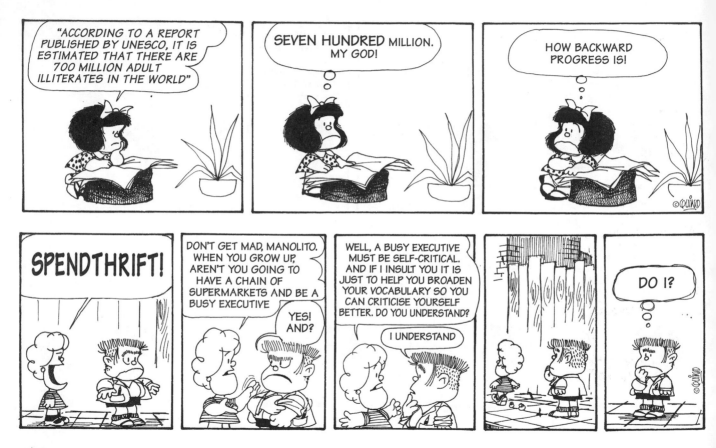

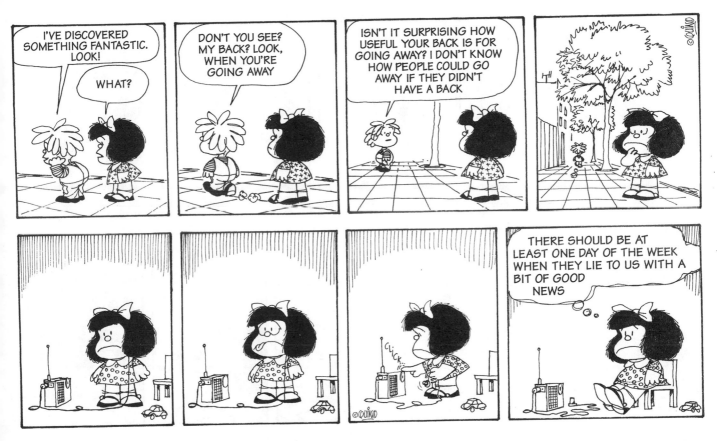

53

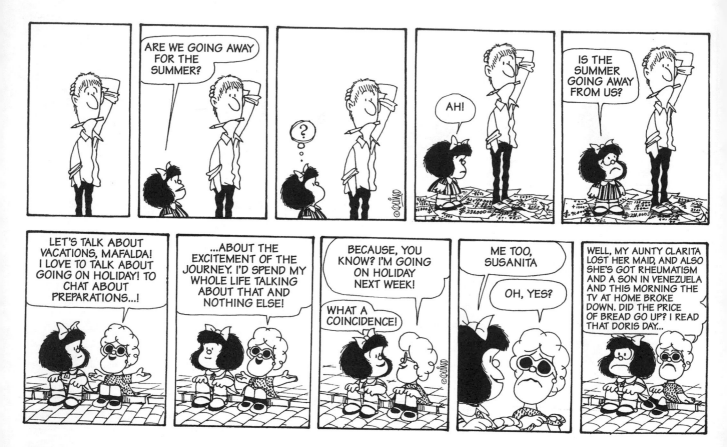

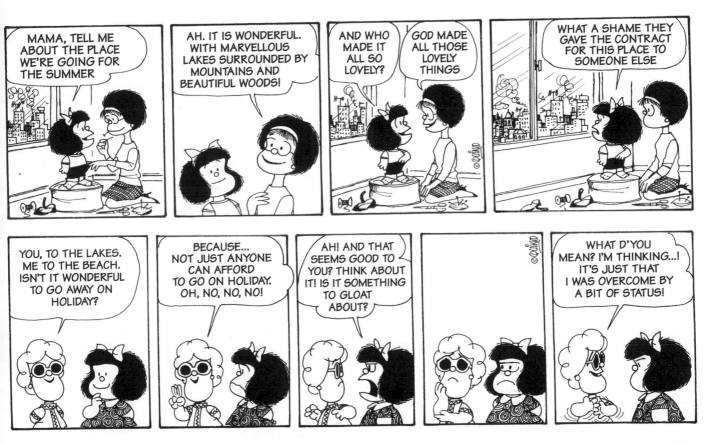

55

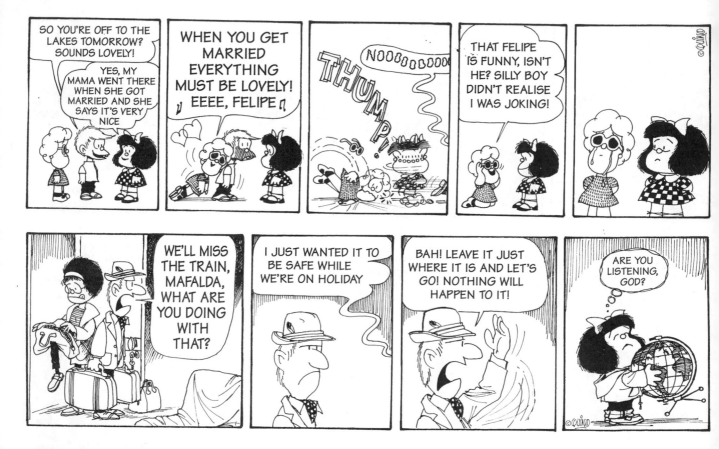

56

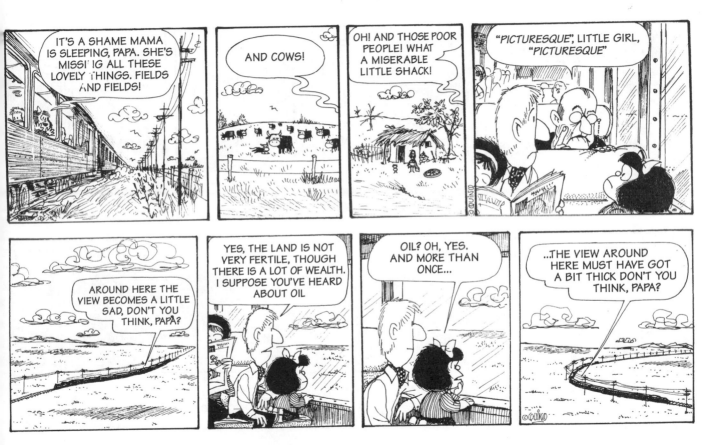

57

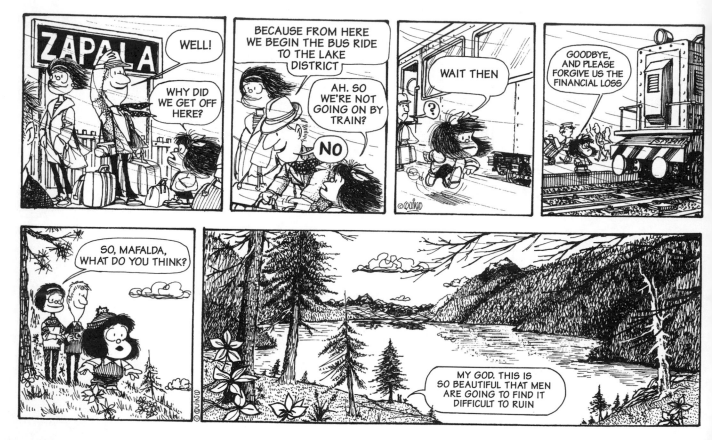

58

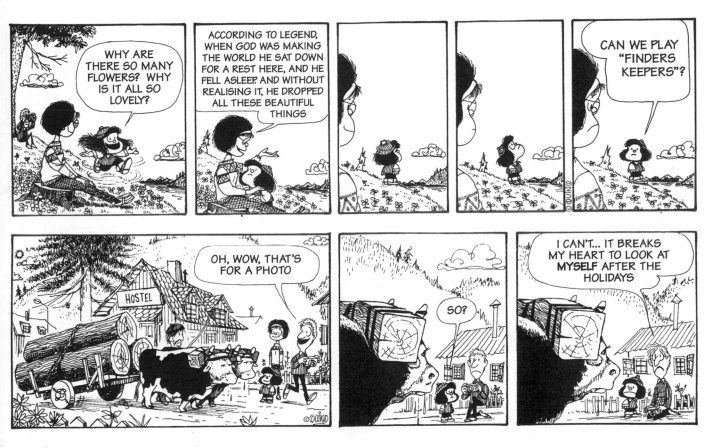

59

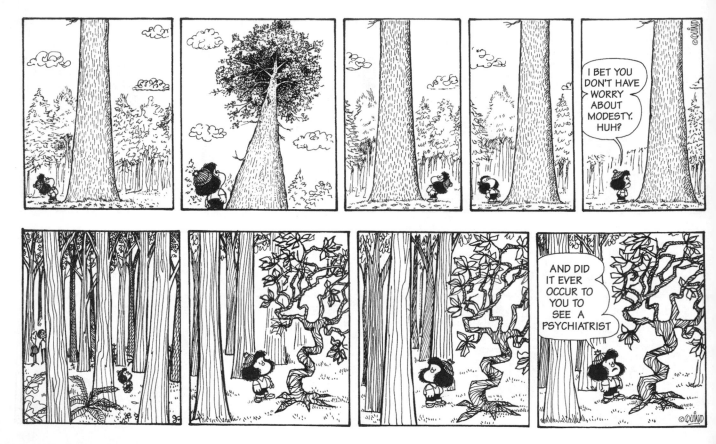

60

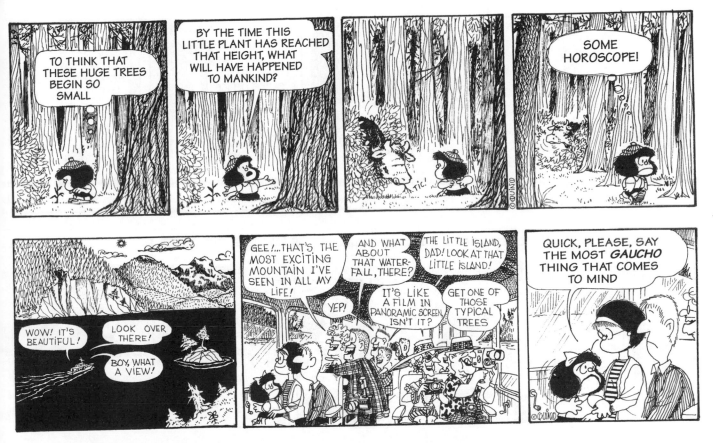

61

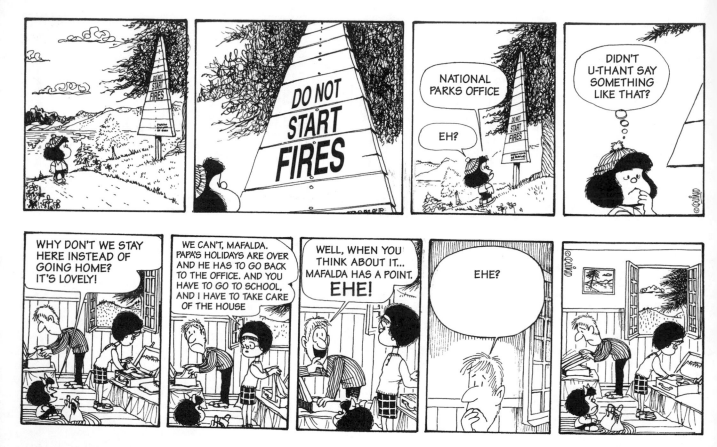

62

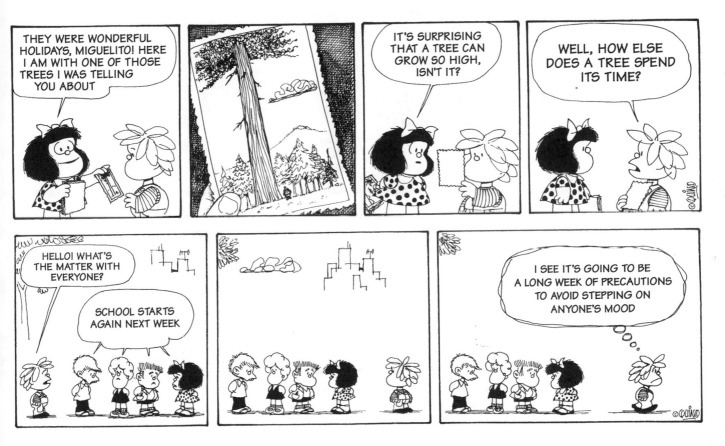

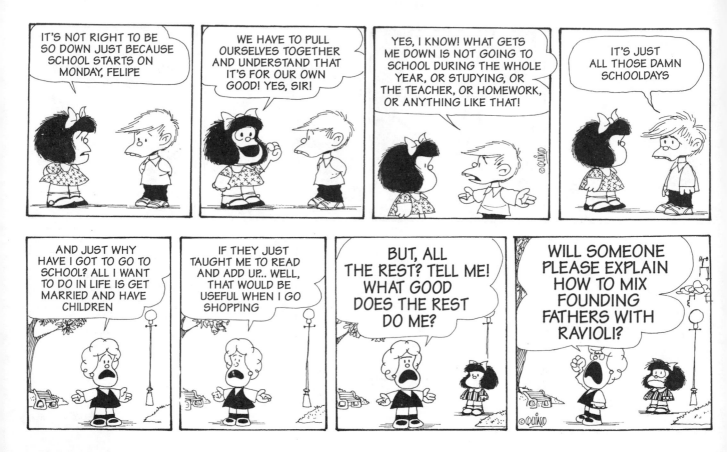

64

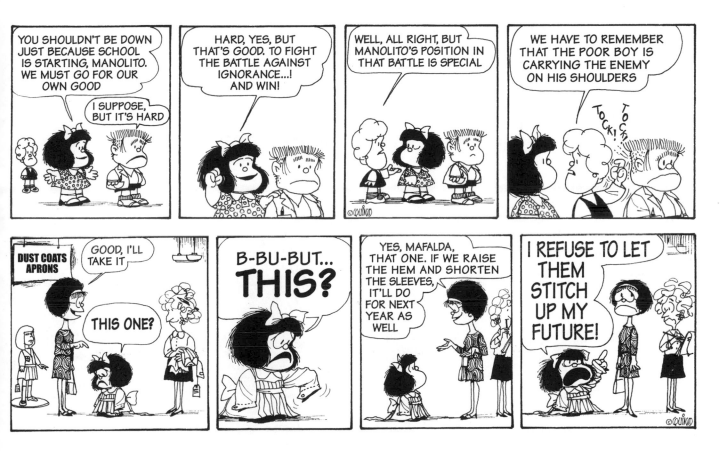

65

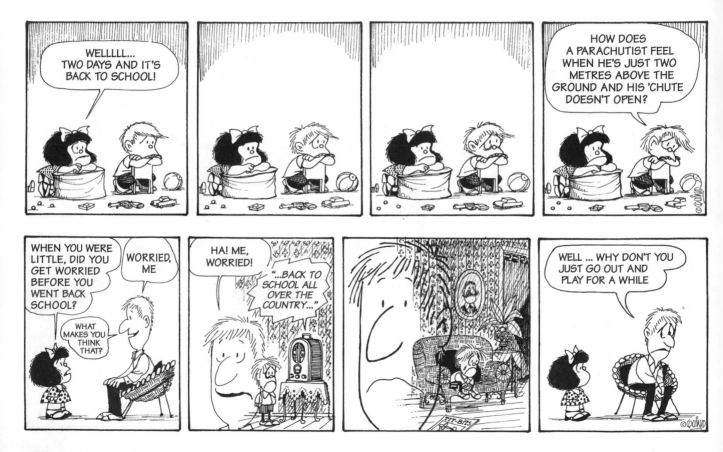

66

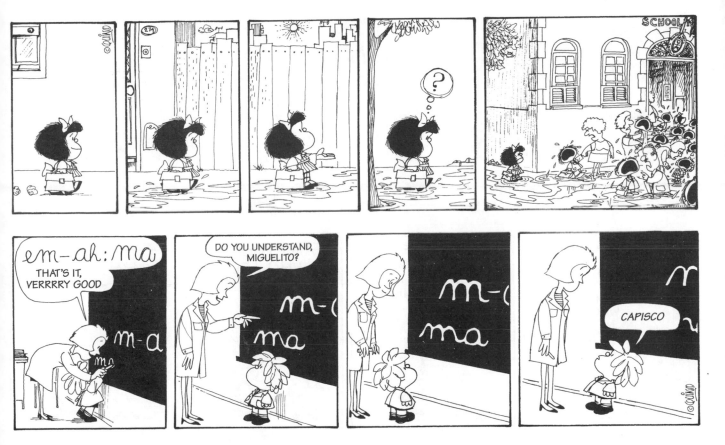

67

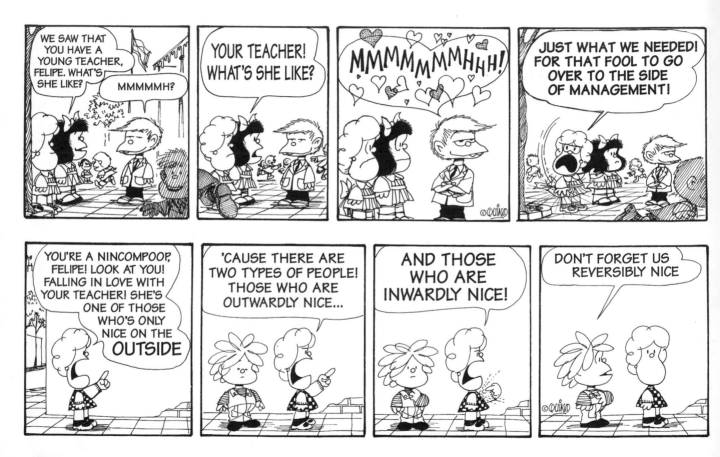

68

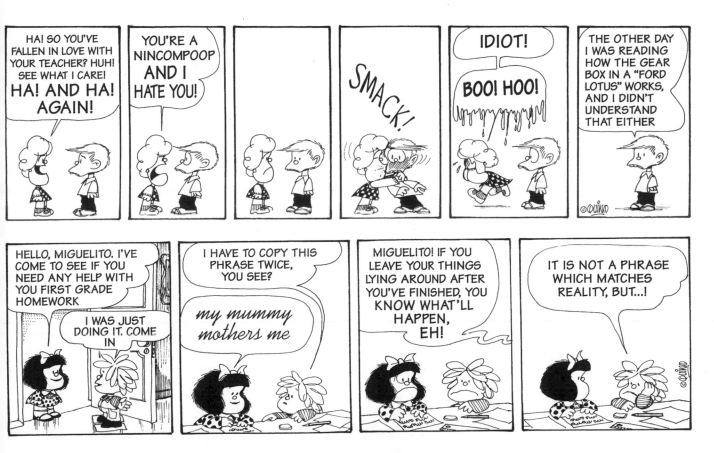

69

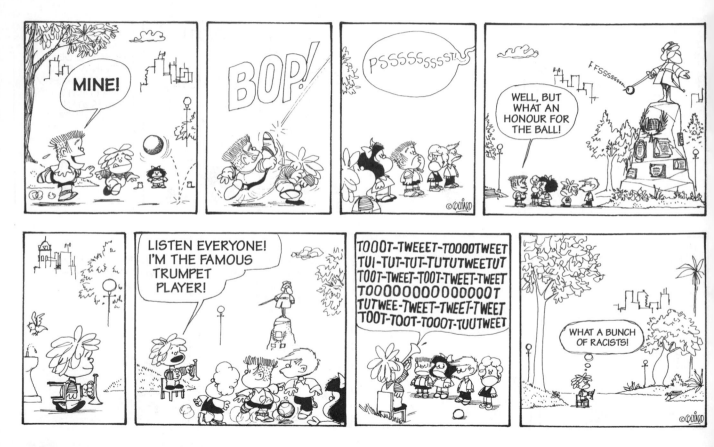

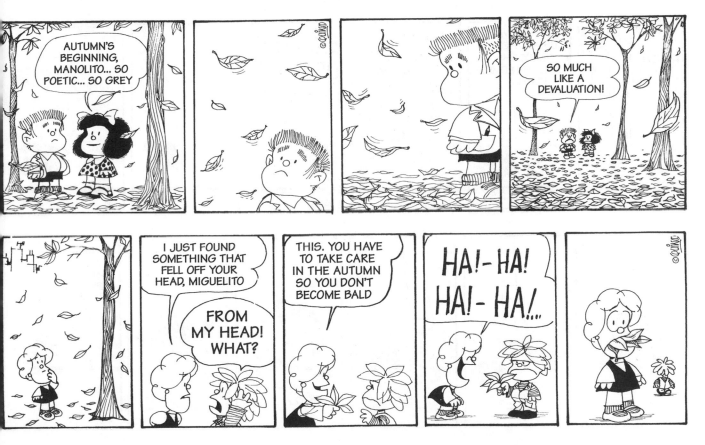

71

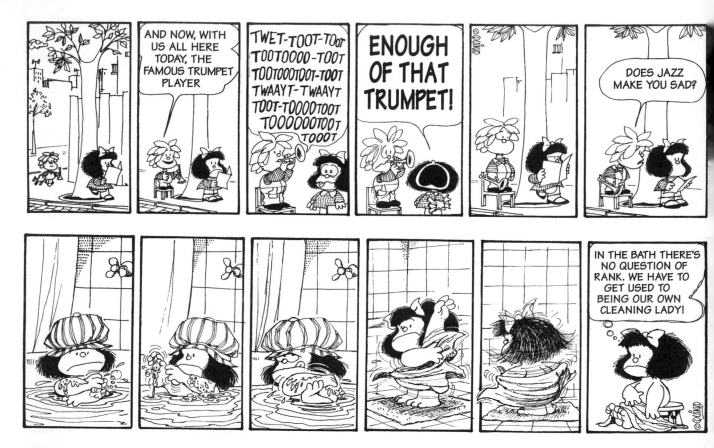

72

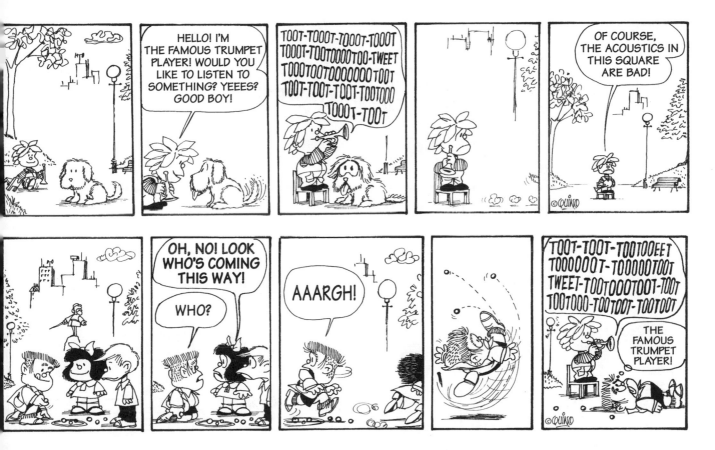

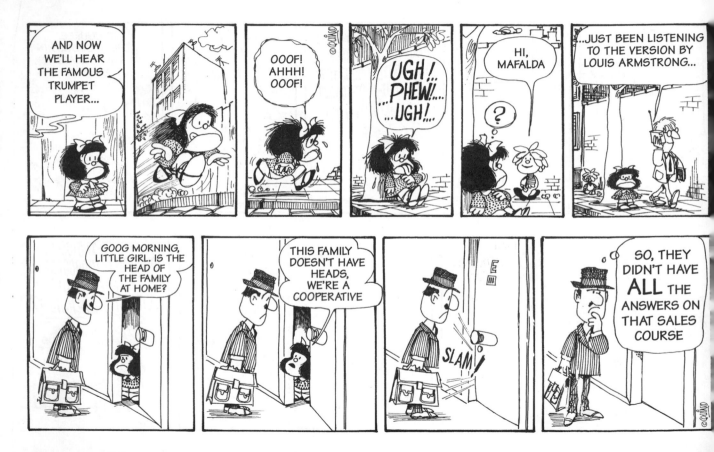

74

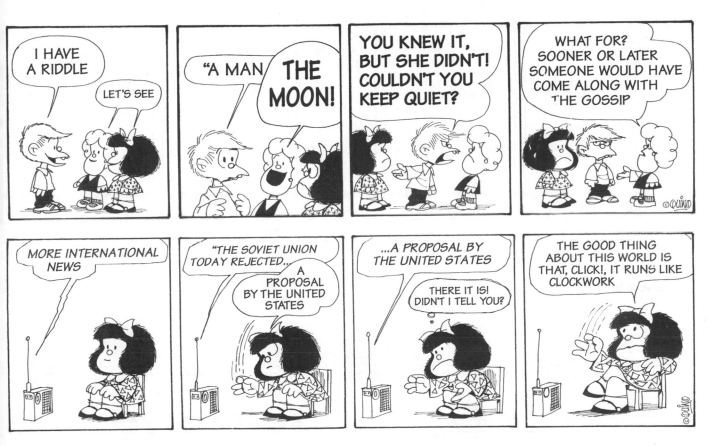

75

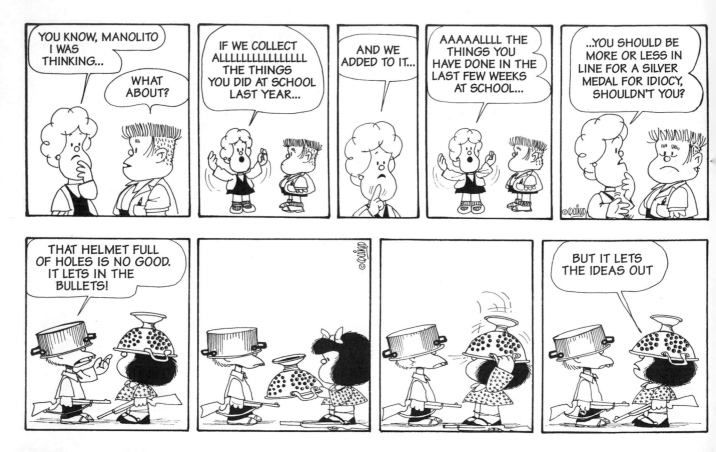

76

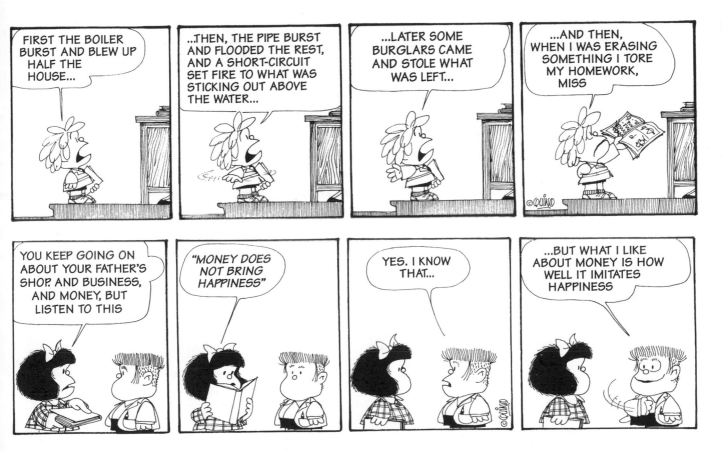

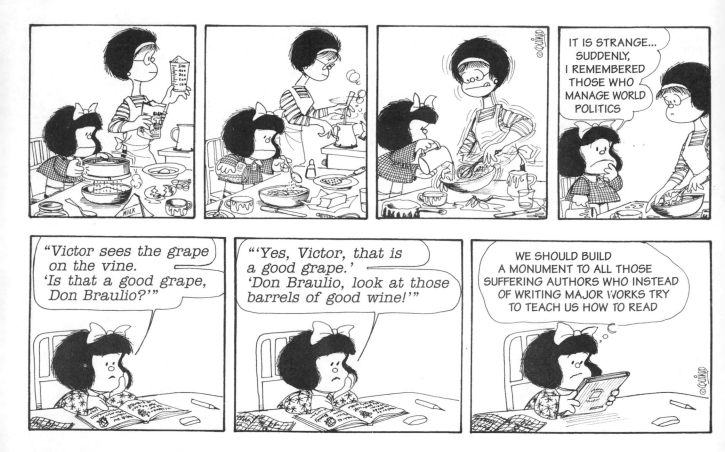

78

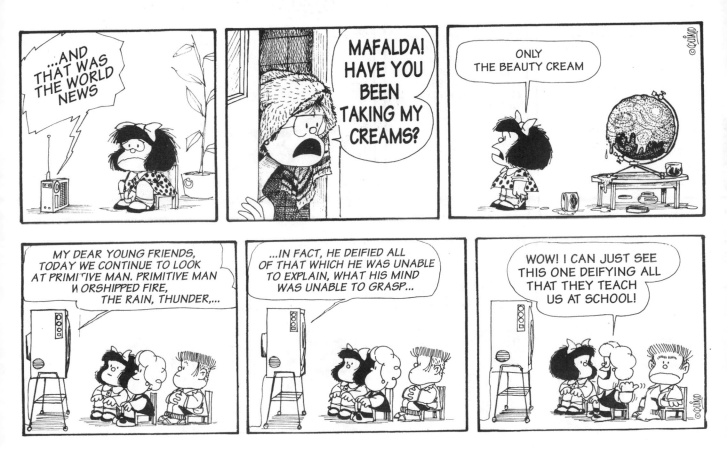

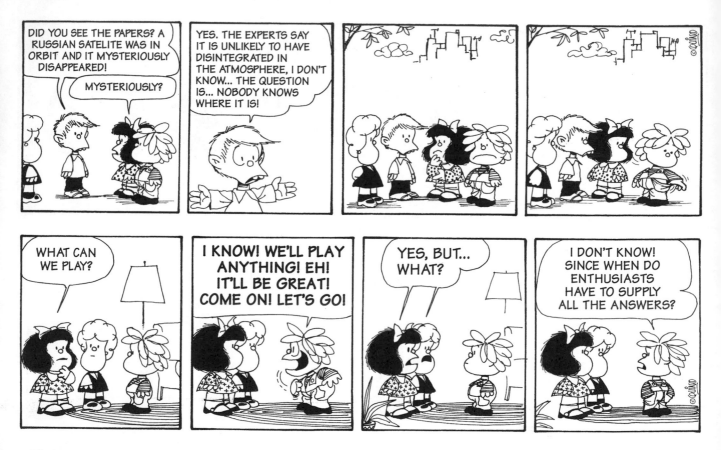

80

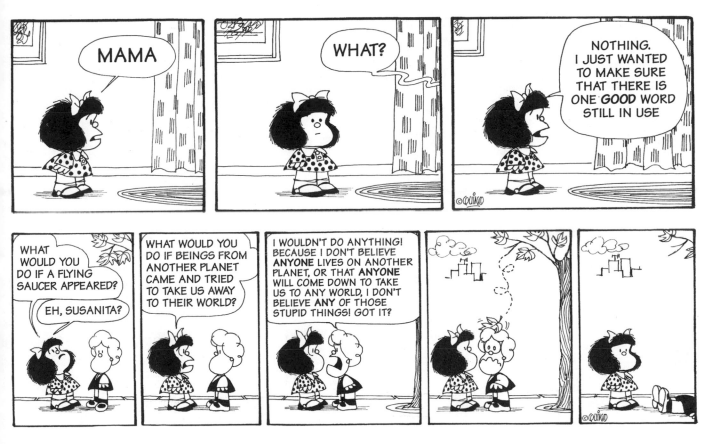

81

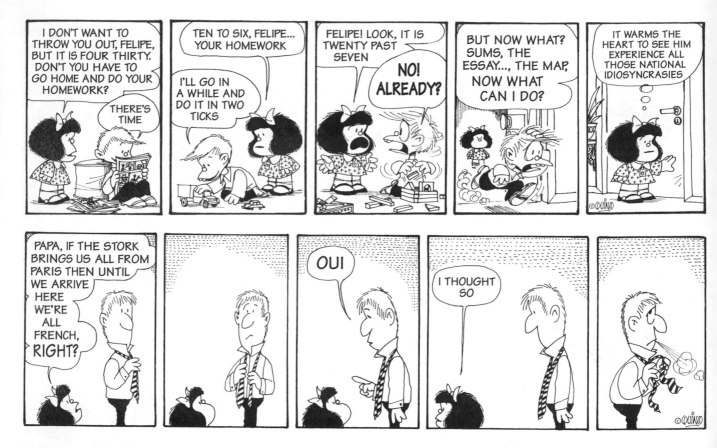

82

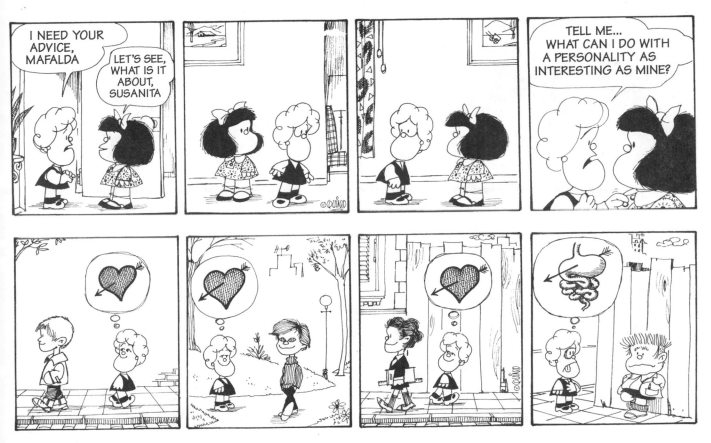

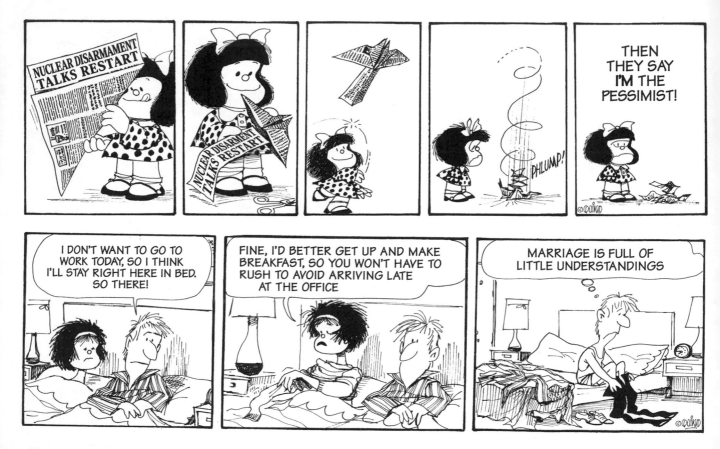

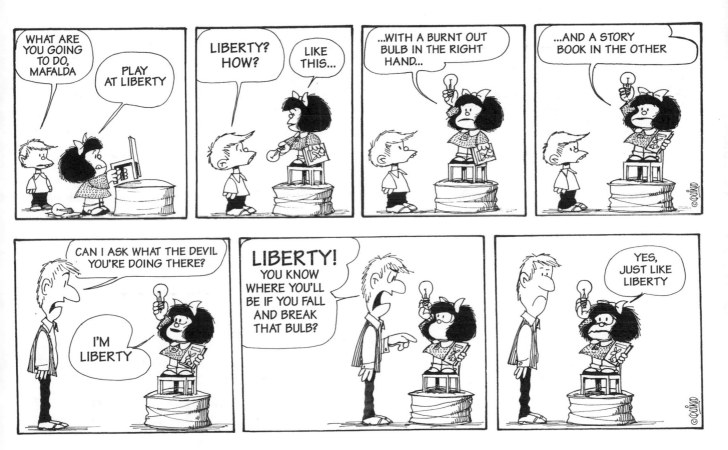

85

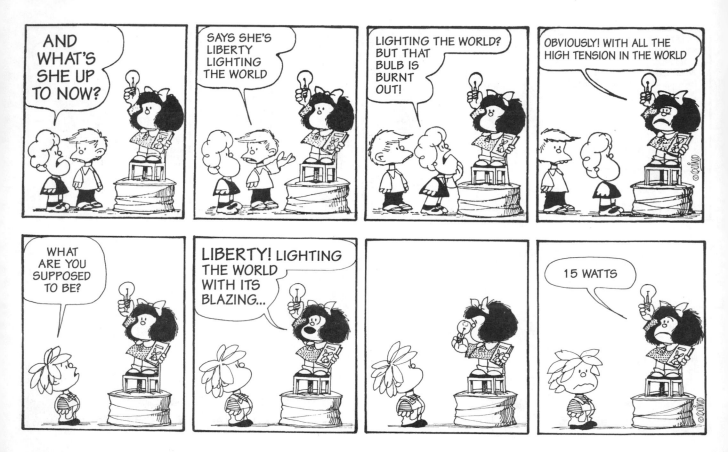

86

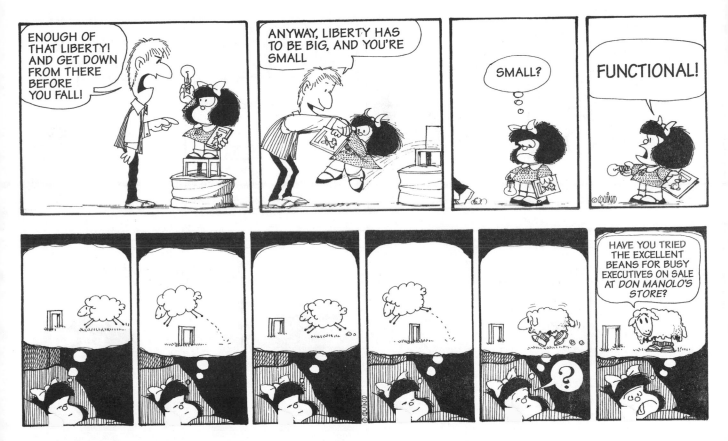

87

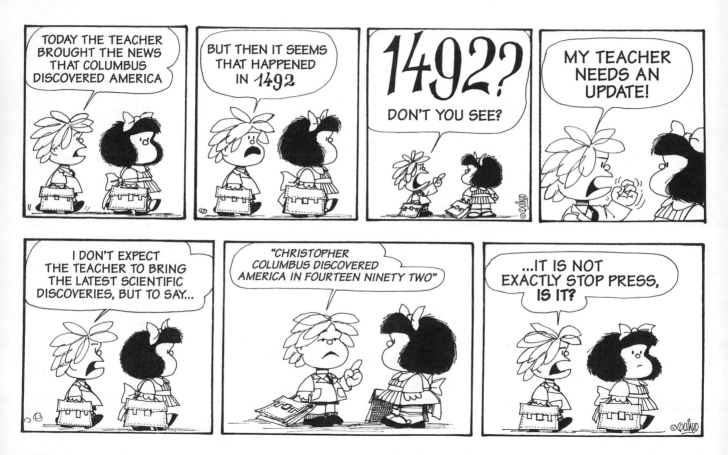

88

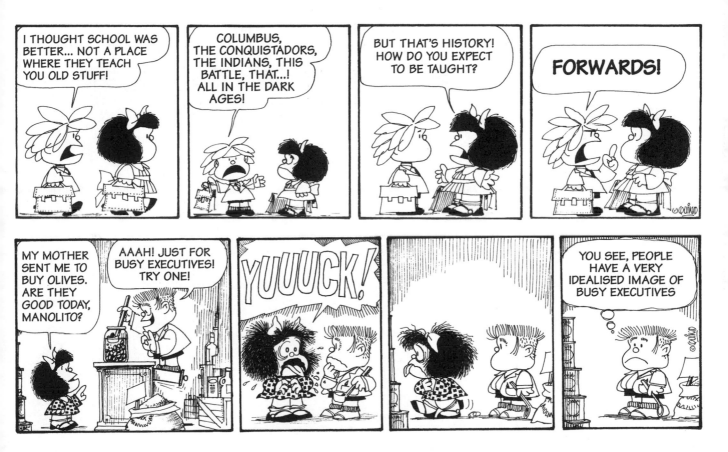

89

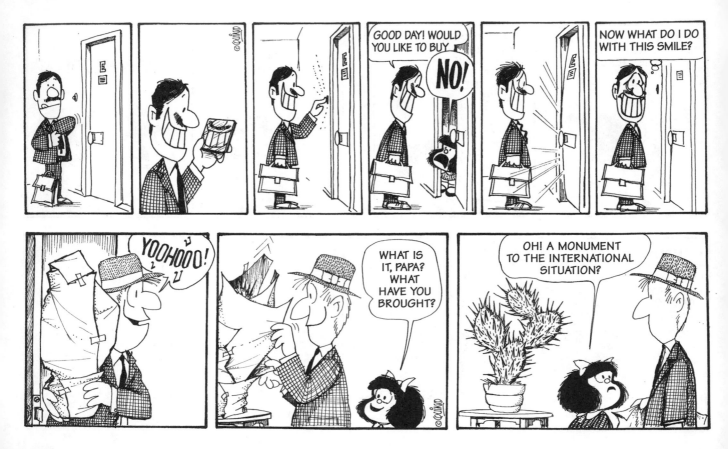

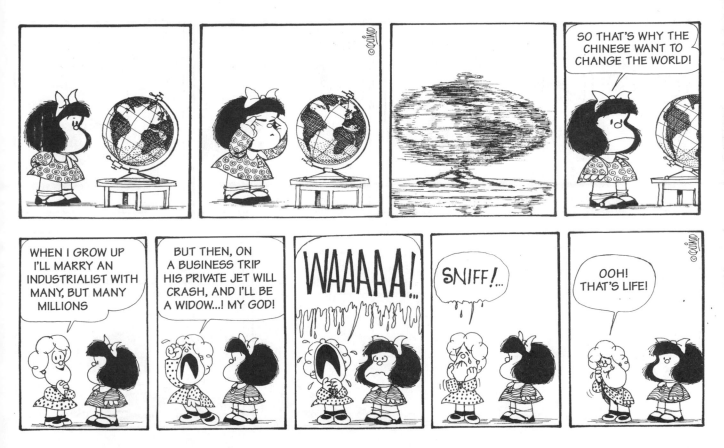

91

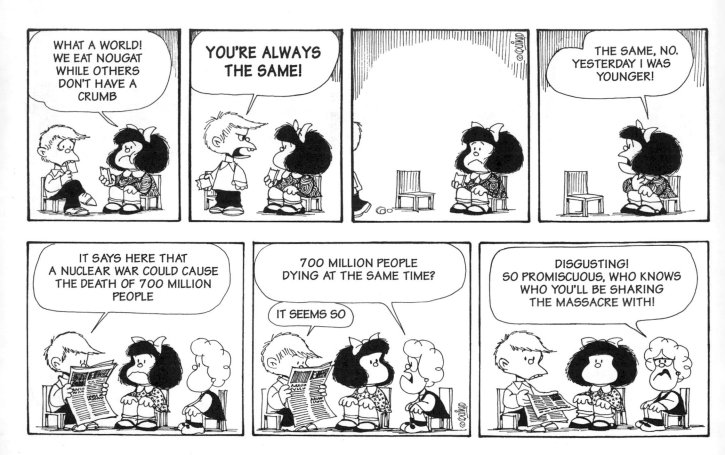

92

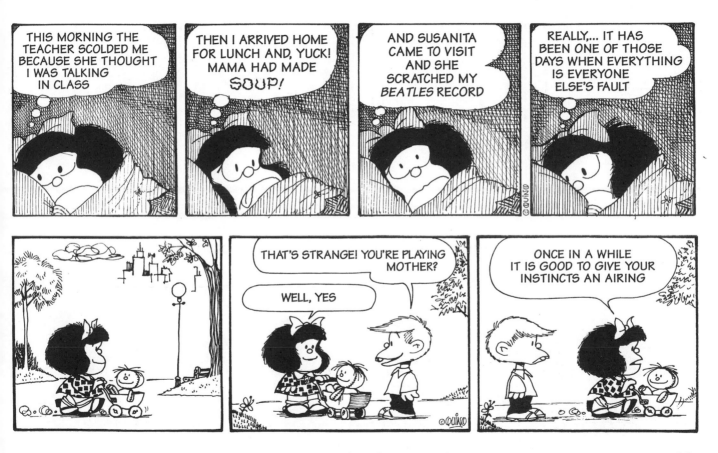

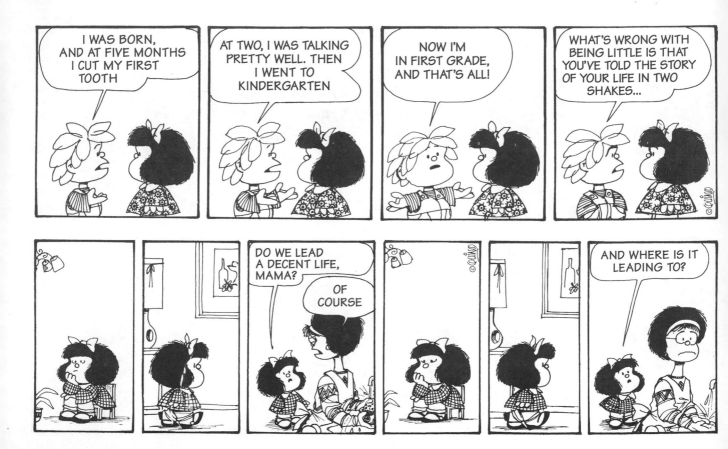

94

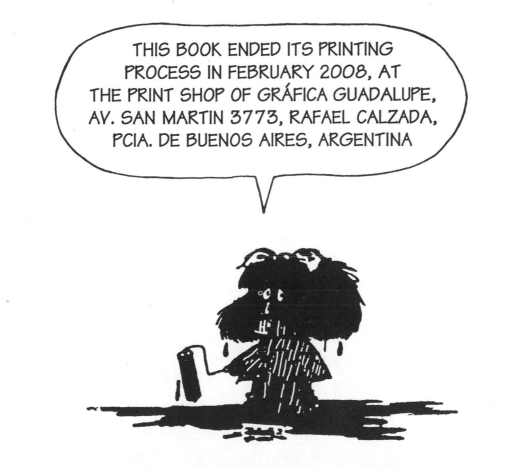

Edición de 3000 ejemplares